GÉNERO

GUÍA DE CONVERSACIÓN PARA PADRES Y PASTORES

BRIAN SEAGRAVES
y HUNTER LEAVINE

PATMOS

Género: Guía de conversación para padres y pastores

Publicado por Editorial Patmos,
Miami, FL 33169

Publicado originalmente en inglés por The Good Book Company Limited, Blenheim House, 1 Blenheim Road, Epson, Surrey KT19 9AP, United Kingdom, con el título *Gender: A Conversation Guide for Parents and Pastors.*

Diseño: Adrián Romano

Traducido y Editado por Grupo Scribere

ISBN: 978-1-58802-992-8

Categoría: Educación cristiana/Niños

Impreso en Brasil | *Printed in Brazil*

CONTENIDO

INTRODUCCIÓN

El mundo que nos rodea cambia rápidamente, y es difícil encontrar claridad sobre algunos de los problemas más importantes de la vida. Sea usted un padre, un mentor, un pastor, un ministro de jóvenes, un voluntario del ministerio de niños o simplemente un amigo, escribimos este libro para ayudarlo a llevar claridad a las mentes jóvenes en un mundo que da vueltas en la confusión.

Aunque nuestro mundo está lleno de muchos desafíos, es aquí donde Dios nos ha colocado. El Salmo 139 nos dice que todos somos formados por Él en el vientre de nuestra madre. Somos creación del propio Dios. En Job 14:5 se nos dice que nuestros días están determinados por Dios y no por la casualidad. Cuando tenemos en cuenta estas dos verdades importantes, podemos ver que Dios no solo ha elegido crearnos, sino que también ha elegido *cuándo* seríamos creados. Es importante entender que vivimos en este tiempo para un propósito específico. Jesús llama a Sus seguidores a ser una luz donde Dios nos ha colocado, y a glorificarlo con la forma en que vivimos nuestra vida en este mundo.

La confusión que experimentamos en esta vida no es por la ausencia de Dios, sino por las consecuencias del pecado. De la misma manera ese dolor es una señal que nos alerta que algo en nuestro cuerpo no está bien. El dolor y el sufrimiento en nuestro mundo son una señal de que algo está dañado; y como personas cristianas, necesitamos hablar con gran claridad, compasión y convicción sobre la procedencia de la debilidad de nuestro mundo: el pecado.

En Juan 17, Jesús ora para que Sus discípulos no sean quitados del mundo, pero sí para que estén protegidos del «maligno» (v. 15, NVI). Si la oración de Jesús es que Sus discípulos permanezcan firmes en Su verdad, entonces nuestra oración por nuestros hijos, familia, amigos e incluso nosotros mismos debe ser igual.

No estamos llamados a *escondernos* del mundo, ni a mezclarnos con el mundo; estamos llamados a destacar. Para crecer y convertirnos en discípulos inconfundibles, necesitamos ser capaces de tener conversaciones significativas y profundas que exploren temas y preguntas difíciles a la luz de la Palabra de Dios.

En particular, existe una responsabilidad colectiva dentro de la iglesia de educar a los niños con claridad en cuanto a quién es Dios y lo que ha dicho. Además, tenemos que criar a nuestros hijos en el mundo tal como es, no como nos gustaría que fuera.

Observe la Palabra de Dios a Moisés en Deuteronomio:

> *Grábense estas palabras en el corazón y en la mente; átenlas en sus manos como un signo, y llévenlas en su frente como una marca. Enséñenselas a sus hijos y repítanselas cuando estén en su casa y cuando anden por el camino, cuando se acuesten y cuando se levanten; escríbanlas en los postes de su casa y en los portones de sus ciudades. Así, mientras existan los cielos sobre la tierra, ustedes y sus descendientes prolongarán su vida sobre la tierra que el Señor juró a los antepasados de ustedes que les daría.*
>
> *(Dt. 11:18-21, NVI)*

Estamos llamados no solo a aferrarnos firmemente a la Palabra de Dios, sino a transmitirla a los que amamos. No solo es algo que debemos apreciar, sino también algo que debemos transferir a la siguiente generación.

El objetivo de este libro es ayudar a construir en niños y jóvenes los fundamentos sólidos que estén enraizados en la verdad de Dios y conectados al evangelio. A medida que el mundo cambia, no necesitamos huir, sino señalar hacia el propio Jesús, que es tanto la verdad como la vida (Jn. 14:6).

En un mundo lleno de opiniones sobre género, sexualidad, raza y verdad, no necesitamos ser más estridentes; sino más claros. Necesitamos ser convincentes y competentes para responder las preguntas que enfrenta la próxima generación, y hacerlo de una manera que sea amorosamente inteligente y que honre a Dios.

Nuestra oración es que este recurso no solo ayude en el discipulado de sus seres queridos, sino que también ayude en su propio entendimiento de la Palabra de Dios. Seamos un pueblo que toma la Palabra de Dios lo suficientemente en serio como para enseñarla a toda edad y con gran intencionalidad.

Brian Seagraves y Hunter Leavine
Abril 2018

GÉNERO: EL POR QUÉ

Antes de profundizar el tema, es importante comenzar primero con el «por qué».

¿Por qué nos debe importar el género?
¿Es de verdad tan relevante lo que creemos sobre el género?
¿Es este un problema que debería importarle a todos?

Si no entendemos el «por qué», nos veremos tentados a quedarnos en silencio respecto al tema, o incluso peor, alejarnos de lo que dice la Palabra de Dios. Si no nos tomamos en serio el establecer fundamentos, nuestros hijos pueden ser víctimas de dos peligros enormes.

DOS PELIGROS ENORMES

1. El peligro de la identidad extraviada

¿Te has dado cuenta de que nuestra cultura discute los temas de actualidad de manera diferente a como lo hacía hace diez años? Parece que las personas son mucho más rápidas para calificar el desacuerdo como «odio» o «fanatismo», pues no apoyar lo que alguien cree o hace a menudo se puede considerar como no amar a esa persona en absoluto.

Si bien hay muchas razones para esto, la razón principal es que la sociedad ha aceptado la mentira de que las personas son lo que creen y lo que hacen.

Piénselo: si esto es cierto y alguien critica sus creencias, es mucho más probable que usted considere un mero rechazo de ideas como un rechazo a usted personalmente.

Por ejemplo, alguien que es gay puede interpretar fácilmente la censura de la actividad homosexual como un rechazo a sí mismo. Esto sucede cuando nuestra identidad se basa en cualquier cosa diferente a lo que dice la Palabra de Dios, como: nuestros deseos, atracciones, color de piel o acciones.

No son solo los niños los que quieren agradar a sus compañeros; todos lo queremos. Todos tenemos un anhelo de que nos amen y nos acepten. A menudo, nuestro estado caído nos lleva a querer ser aceptados *por* nuestro pecado y no a pesar de él; y nuestra identidad puede llegar a basarse en cosas directamente opuestas al diseño de Dios.

El antídoto para este problema es el evangelio, donde encontramos la aceptación de Dios en medio de nuestro pecado, no a causa de él; encontramos una satisfacción que no alcanzábamos cuando intentábamos hallar nuestra identidad y nuestra autoestima internamente.

Cuando nuestra identidad se basa en algo más que en ser un hijo de Dios adoptado y rescatado, nos espera una inevitable caída. Necesitamos entender lo que significa haber sido diseñado y salvado intencionalmente por Dios, o podemos dejar que nuestro esfuerzo por encontrar nuestra autoestima en otro lugar nos aleje de nuestro Creador.

El evangelio, la buena noticia sobre la obra de Jesús en la cruz, no solo nos da una nueva identidad sino también una nueva comunidad. Dentro de la comunidad de la iglesia, podemos encontrar claridad sobre algunos de los temas más importantes de la vida, así como también apoyo, mientras buscamos honrar a Dios en un mundo plagado de pecado y confusión. Sin importar lo que ocurra en el mundo, podemos encontrar consuelo al saber que, como personas que han sido compradas por la obra de Cristo, siempre tenemos un hogar en Su iglesia.

2. El peligro de la autoridad no reconocida

La Palabra de Dios debe ser el lente a través del cual observemos el mundo que nos rodea, y debe ser la máxima autoridad de nuestra vida. Nuestras creencias, pensamientos y acciones deben estar moldeados por lo que la Biblia enseña.

Todos los días nos sentimos tentados a permitir que el mundo determine la forma en que vemos la Palabra de Dios, en lugar de permitir que la Palabra de Dios determine la manera en que vemos el mundo. Es crucial que los puntos de vista cambiantes del mundo no afecten la manera en que entendemos la verdad eterna de la Palabra de Dios. El riesgo es demasiado grande.

El peligro no es solo que podamos «equivocarnos de género», o que alguien que amamos pueda confundirse respecto al género, sino que se pueda abrir una brecha entre nuestra vida y la Palabra de Dios. Si decidimos no creer lo que afirma la Palabra de Dios sobre el género, no debemos sorprendernos demasiado cuando decidamos no creer la Palabra de Dios en absoluto.

En el momento en que comenzamos a escoger cuándo aceptar la autoridad de la Palabra de Dios, nos colocamos en un terreno peligroso; ya que, si rechazamos una parte de esta, nos resultará sumamente difícil respetar el resto. La forma en que pensamos y hablamos sobre el género está relacionada con nuestra visión de la Palabra de Dios en su conjunto.

Todos vivimos en un mundo que está compitiendo no solo por nuestra *atención* sino también por nuestra *lealtad*. Esto hace que los cristianos, especialmente los niños, se enfrenten a una colisión inevitable. Cuando dos objetos chocan, el más fuerte prevalece sobre el más débil.

De una manera muy real, nuestros niños necesitan estar preparados para enfrentar el ataque más fuerte que el mundo pueda llevar a cabo y, aun así, seguir comprometidos con la Palabra de Dios. Usted y sus hijos necesitan este libro porque, si bien desde el punto de vista estadístico es poco probable que sus hijos se vuelvan transgénero, es seguro que tendrán que decidir de qué lado están en las cuestiones de género y autoridad. Solo hay dos opciones: estar con Dios o estar contra Él.

CÓMO USAR ESTA GUÍA

¿PARA QUIÉN ES ESTA GUÍA?

Hemos creado esta guía para personas que trabajan con niños y adolescentes. Sea usted un trabajador de la iglesia, pariente, padre o amigo, creemos que esta será una herramienta útil para usted en un tema muy importante. Aunque toda persona puede beneficiarse de esta guía, en ella nos dirigimos a los padres para hacerlo más sencillo. Depende de usted tomar este material y trasladarlo a su contexto, y esperamos que le ayude a comenzar a hablar claramente en nuestro mundo de hoy.

LA FUNCIÓN DE LA IGLESIA Y LOS PADRES

Existe una responsabilidad colectiva dentro de la comunidad de creyentes de educar a los niños con claridad. Una de las bendiciones de ser parte de la iglesia es que no tenemos que enfrentar la vida solos. No tenemos que temer pedir ayuda y podemos aprender unos de otros y trabajar juntos para construir fundamentos centrados en el evangelio y dirigidos por la Palabra de Dios. Cuando la iglesia colabora con las familias, los niños y los estudiantes tienen más probabilidades de florecer. Formar parte de una iglesia local es uno de los factores más importantes en la construcción de fundamentos sólidos, y es una bendición que todos debemos buscar.

PRIMERA PARTE: FUNDAMENTOS

En la Primera parte, el contenido se ha dividido en tres «fundamentos» principales. Estos se alinean aproximadamente con preescolar (hasta los 7 años), primaria (7-11 años) y secundaria / preuniversitario (12-18 años).

Usted se beneficiará al leer los tres fundamentos, independientemente de la edad de su hijo. Por ejemplo, si su hijo se encuentra en la escuela primaria, usted querrá usar los Consejos por edades y las preguntas de debate que se encuentran en el fundamento dos. Sin embargo, le será de ayuda saber lo que se encuentra en el próximo fundamento antes de que su hijo llegue allí.

Conceptos claves y pasajes

En cada fundamento se encuentran conceptos claves y orientación sobre áreas de conversación. En la página 57 encontramos importantes pasajes bíblicos para debatir. Las ideas y los temas comunes se acumulan de un fundamento al siguiente y son más útiles cuando se enseñan juntos. Dentro de «Conceptos claves», habrá alguna terminología que podría ser útil cuando se comunique con ese grupo de edad en particular.

Los ejemplos de diálogos que se pueden tener con los niños se encontrarán en este estilo de párrafo.

Consejos por edades

Hay oportunidades y desafíos únicos en cada edad. La sección de «Consejos por edades» enumera algunas sugerencias específicas para dirigirse a los niños en cada nivel de desarrollo e incluye algunos pasajes bíblicos importantes que usted querrá leer con ellos y debatirlos juntos.

Preguntas y temas de conversación

Cada fundamento también incluirá preguntas específicas para cada edad y temas de conversación que pueden sentar las bases para un razonamiento más profundo. El objetivo no es tener una sola conversación, sino más bien, tener debates continuos con sus hijos y sus adolescentes. Esta sección le ayudará a mantener viva la plática.

SEGUNDA PARTE: CAJA DE HERRAMIENTAS

La Segunda parte es una caja de herramientas con recursos útiles que incluye una variedad de secciones breves para equiparlo mejor a usted como adulto y que pueda manejar este asunto en la sociedad actual.

Esta guía pretende ser una herramienta y no una muleta

Nuestro deseo es que esta guía sirva como una herramienta para ayudarlo a tener conversaciones relevantes para nuestro mundo actual que estén profundamente enraizadas en la Palabra de Dios. Sin embargo, no queremos que sea una muleta. Esta guía debe complementar el trabajo que ya usted está realizando para discipular a sus hijos: leer historias bíblicas con ellos, orar con ellos y por ellos, disfrutar de la vida de la iglesia juntos y encontrar oportunidades para servir lado a lado.

Establecer fundamentos puede ser un trabajo duro. No sucede de la noche a la mañana y requiere una perspectiva general que mire hacia el futuro. Si bien la Palabra de Dios nunca cambia, nuestros contextos sí cambiarán. Queremos alentarlo a que piense activamente sobre cómo puede aportar claridad bíblica a sus hijos en toda situación que usted se encuentre.

FUNDAMENTO UNO

PREESCOLAR Y NIÑOS PEQUEÑOS (HASTA LOS 7 AÑOS)

CONCEPTOS CLAVES

Dios es el buen Creador: Génesis 1-3

Una comprensión clara del género está conectada a tener una buena comprensión de la creación. Es importante que los padres ayuden a los niños a entender que todo en el universo entero fue creado por Dios.

> *Dios hizo todo. Esto significa que Dios creó desde el insecto más pequeño hasta la estrella más grande. Todo lo que Él creó debería hacernos pensar en Él.*

A medida que los niños crecen y aprenden sobre las complejidades de la creación de Dios, debemos usar esos momentos para resaltar la grandeza y la maravilla del diseño de Dios. Hablarles de Dios como el diseñador de insectos, flores y bosques, así como de la inmensidad del espacio, ayudará a formar una visión de un Dios intencional que está activo en los detalles de la vida.

Hablar constantemente de Dios como el Creador ayudará a los niños a desarrollar confianza en cómo Dios creó a cada individuo, incluso a ellos mismos.

Los niños también necesitan saber que Dios es el *buen* Creador.

La Biblia nos dice en Génesis 1 que, al principio, Dios miró Su creación y dijo que era «buena». Dios estaba feliz con Su creación y no cometió ningún error. Cada estrella, árbol y animal fue hecho exactamente como Dios lo quería. Nuestro color de cabello, nuestro color de piel, nuestras pecas y si somos un niño o una niña, somos parte de la maravillosa manera en que Dios nos hizo.

A medida que los niños comienzan primeramente a explorar la creación de Dios, ellos necesitan comprender que es *buena*. Esto no solo los ayudará a sentir asombro, respeto y amor por el diseño de Dios, sino que también aumentará su confianza en la forma en que Dios diseñó todo. Comprender el diseño de Dios los preparará para entender el pecado, lo que sucede cuando nos salimos del buen diseño de Dios.

Dios es tu Creador personal

A veces es más fácil para las personas creer que Dios hizo lo que ven en el cielo de noche que lo que ven cuando se miran al espejo. Ver a Dios como un Creador *personal* es crucial.

> *Dios no solo miró Su creación y dijo que era* «buena», *sino que, cuando Él miró a las primeras personas, dijo que todo era «bueno en gran manera». Las personas son la parte más importante de la creación de Dios. Él se preocupa por cada persona profundamente.*
>
> *Porque Dios es tu Creador, y porque Dios se preocupa por ti, Él sabe tu nombre. Dios conoce tu aspecto físico y sabe que eres un niño / una niña e incluso conoce las cosas que te gustan. ¡Dios sabe* todo *sobre ti porque Él te creó!*

Mientras los niños comienzan a aprender sobre Dios, es importante que tengan este fundamento de ver a Dios no solo como un «buen Creador», sino también como *su* Creador personal, un Dios que los conoce y los ama. Saber que el mismo Dios que creó el universo es el mismo Dios que «me formó en el vientre de mi madre» nunca debería dejar de sorprendernos (Sal. 139:13).

Si no somos intencionales en cuanto a reforzar este mensaje, podemos comenzar fácilmente a ver a Dios como un Creador distante e impersonal. Sin embargo, ese no es el tipo de Creador que «caminó» en el jardín con Adán y Eva, que se preocupó por el asesinato de Abel y que trabajó para ayudar a Noé a construir el arca. El Dios de la Biblia no es un Dios impersonal.

A medida que enseñamos a nuestros hijos la Palabra de Dios, debemos ser intencionales al resaltar la participación personal de Dios en las vidas de Su pueblo.

Esto se conectará con futuras secciones que muestran que Dios se preocupa por nuestra vida personal, que determinó personalmente nuestro género y que Él no comete ningún error.

Dios nos dio Su Palabra: 2 Timoteo 3:16

En el centro de la conversación sobre el género se encuentran estas preguntas: «¿Qué hacemos con la Palabra de Dios?»; «¿Las Escrituras provienen realmente de Dios?»; «¿Qué tipo de autoridad tiene la Biblia sobre mi vida?»; «¿Puedo confiar en la Biblia aun cuando no esté alineada con lo que enseña el mundo?». Para construir un fundamento verdaderamente sólido en la vida de nuestros hijos, tenemos que abordar este asunto sin rodeos.

Podemos saber de Dios porque Él nos ha contado sobre Sí mismo en la Biblia. Dios nos dio la Biblia como un regalo porque quiere que entendamos más sobre Él, sobre nosotros mismos y sobre lo que Él quiere. Dios siempre está ocupado cuidando de todo lo que ha creado, y Él se preocupa por Su pueblo.

La Biblia no es un libro de reglas ni un libro lleno de «buenas ideas» solamente. La Biblia es el medio por el que Dios nos habla.

Desde una edad temprana, para bien o para mal, los niños comienzan a formar sus ideas sobre la Biblia. Cuando trabajamos con niños pequeños, tenemos que pensar en este proceso y en cómo se desarrolla más adelante en la vida.

Si tratamos la Biblia como un libro de reglas, ellos se acostumbrarán a verla distante e impersonal. Si solo tratamos la Biblia como un libro de aventuras, aprenderán a verla como un cúmulo de historias entretenidas e inspiradoras. Si no hablamos con nuestros hijos sobre la Biblia en absoluto, entonces la verán como irrelevante. Necesitamos entender que la forma en que manejemos la Escritura con nuestros hijos cuando son pequeños determinará su manera de ver la Escritura en el futuro.

A medida que enseñamos a los niños pequeños la Palabra de Dios, necesitamos ayudarlos a comprender que cuando acuden a esta, ellos pueden entender más de Él y de Su creación, incluyéndolos a ellos mismos.

¡Podemos conocer a Dios a través de la Biblia!

La Biblia es una gran historia verdadera. Nos relata lo que Dios ha hecho en el mundo desde que creó todo hasta la actualidad. Nos deja saber las cosas buenas que nos ayudarán y las cosas malas que nos harán daño. Nos dice cómo podemos decirle «gracias» a Dios por todas las cosas maravillosas que ha hecho. Le agradecemos cuando lo obedecemos. La Palabra de Dios no es solo algo que aprendes cuando eres joven. Aprendes de ella y la amas cuando eres grande también.

Alentar a sus hijos a comprender la Palabra de Dios y a confiar en ella les ayudará a abrirse camino a través de la duda del mundo sobre la Biblia y de sus afirmaciones de tener una «verdad mejor». Se dice que, si usted quiere enseñarle a un cajero cómo detectar una falsificación, no le tiene que mostrar todas las falsificaciones que existen, sino que debe permitirle manipular el dinero real. Si ellos conocen personalmente cómo se ve el dinero *real*, entonces identificarán una falsificación cuando la vean. Ese enfoque es necesario emplearlo con los niños pequeños. Si les ayudamos a empezar a «manipular» la verdad de Dios desde que son jóvenes, eso les ayudará a detectar las mentiras a medida que las encuentren en el futuro.

Este proceso comienza con la lectura regular de la Biblia y la memorización de la Escritura; también debería incluir dar uno el ejemplo para que ellos vean lo que es amar y confiar en la Palabra de Dios. No tomar la Escritura seriamente supone un gran riesgo.

Pecar es no obedecer la Palabra de Dios

Nunca es demasiado temprano para ayudar a los niños a comenzar a entender el pecado. Aunque muchos optan por evitar hablar de pecado con los niños pequeños, es importante que ellos empiecen a comprender que el buen diseño de Dios se ha visto afectado por el pecado.

A pesar de que Dios creó a las personas exactamente como Él quería, todos elegimos no hacer lo que Él nos pide que hagamos. Cuando no escuchamos a Dios y no hacemos lo que Él dice, eso se llama «pecado». *Cuando no queremos lo que Dios quiere, eso también es pecado. Debido a nuestro pecado, no podemos ser amigos de Dios, y es por eso que las personas están separadas de Él.*

Cuando hablemos del pecado con los niños, tiene que ser de una manera apropiada para su edad. Ellos no necesitan entender todas las complejidades del tema, pero es importante comenzar la conversación cuando son pequeños.

Hablar sobre el pecado con niños pequeños les ayudará a percatarse de que, aunque Dios es el Diseñador de la creación, no todo es como debería ser. La creación es hermosa de muchas maneras, pero el pecado ha causado que la creación «gima» (Ro. 8:22). A medida que los niños crezcan verán los daños que causa la corrupción en la creación de Dios y comenzarán a preguntar: «¿Por qué es así?». La respuesta no es la ausencia de Dios, sino la presencia del pecado.

Cuando pecamos, lastimamos a otras personas y a nosotros mismos. Cuando salimos del diseño de Dios, nos lastimamos. Cuando algo no está bien, no es porque Dios no está allí; es porque el pecado está.

Dios vio a las personas heridas en el mundo e hizo algo al respecto: Él envió a Jesús a arreglarlo y un día Dios hará que todo esté bien otra vez. Puede ser difícil vivir en un mundo caído, pero necesitamos confiar en Él, incluso cuando las cosas nos vayan mal.

Comprender el pecado también ayudará a que los niños comiencen a darse cuenta de que, independientemente del pecado en el que estén involucrados, cada uno de nosotros necesita la gracia de Dios.

No es bueno que las cosas estén dañadas, y no es correcto que las personas se lastimen. Solo Dios puede arreglar lo que está roto. Todos necesitamos la ayuda de Dios.

¿Qué es algo que no puedes hacer solo? Tal vez sea algo demasiado pesado para levantarlo, o demasiado alto para alcanzarlo. Así como hay cosas sencillas que no podemos hacer solos, existen cosas grandes e importantes que tampoco podemos hacer solos. Lo más grande e importante que necesitamos es algo que no podemos hacer; y consiste en idear una forma de convertirnos en amigos de Dios. No podemos hacer eso debido a nuestro pecado.

Pero Jesús puede hacer eso; y lo maravilloso de la Biblia es que todo su contenido nos habla de quién es Jesús y lo que ha hecho por nosotros, para que podamos ser amigos de Dios para siempre. La Biblia nos ayuda a aprender sobre Jesús para que podamos confiar en Él y estar agradecidos por Él.

Comprender nuestra necesidad de la gracia de Dios nos ayudará, en el futuro, a mostrar y dar gracia a los demás. Ese sencillo principio puede y debe enseñarse cuando los niños son pequeños.

JESÚS

En el corazón de la Biblia está Jesús el Salvador.

No importa cuánto el pecado hiera a las personas y rompa y arruine nuestro mundo, Jesús es más grande y más fuerte. Él restaurará todo.

Jesús fue una parte importante del proceso de creación. Colosenses 1:16 nos dice:

> *Porque en Él [Jesús] fueron creadas todas las cosas, tanto en los cielos como en la tierra, visibles e invisibles; ya sean tronos o dominios o poderes o autoridades; todo ha sido creado por medio de Él y para Él.*

Jesús estaba con Dios al principio, cuando Dios creó todo. Ellos lo hicieron todo juntos. Y Jesús hoy todavía está con Dios cuidando la creación. Jesús estaba con Dios cuando tú y yo fuimos hechos. Al igual que Dios, Jesús se preocupa profundamente por toda Su creación.

A nuestros hijos les podemos enseñar que Jesús creó todo y que se preocupa por Su creación, de tal forma que daría Su vida para salvarla. Es posible que los niños logren comprender todo esto al principio, pero eso no debe quitarnos el ánimo de indicarles el camino al evangelio.

CONSEJOS POR EDADES

- *Es posible que sus hijos no entiendan* lo que significa que Dios es totalmente bueno o que Él haya creado el universo, y eso está perfectamente bien. Si ellos aprenden estos conceptos fundamentales cuando son pequeños, crecerán con la capacidad de entenderlos en toda su plenitud a medida que se vuelven mayores.
- *Hable con sus hijos regularmente sobre cómo Dios los conoce y los ama.* Dígales que Dios sabe cuál es su aspecto físico porque Él los creó. Dígales que Dios hizo su cabello de la manera que es, y que los hizo lucir de esa forma. Esto ayudará a reforzar que su sexo / género no es un error, sino un regalo creado por Dios.
- *No tenga miedo de enseñar el concepto de pecado a los niños pequeños.* Ellos necesitan entender que podemos saber lo que Dios dice, pero que a menudo hacemos lo incorrecto
- *Comience a enseñar a sus hijos sobre nuestra responsabilidad por nuestro pecado y las consecuencias de*

vivir en un mundo pecaminoso. Si bien es importante ayudarlos a comenzar a tener un marco para comprender que estamos rodeados de pecado y quebranto, el pecado no es algo que solo existe fuera de nosotros. *Todos* somos pecadores y somos responsables de nuestro corazón rebelde hacia Dios. Al mismo tiempo, experimentamos los resultados de los pecados de otros y el quebrantamiento general del mundo natural. No somos como deberíamos ser y el mundo no es como debería ser. Somos responsables cuando elegimos desobedecer lo que Dios ha ordenado, y experimentamos dolor y confusión porque, como resultado del pecado, el mundo no es como debería ser.

- *Muestre cómo la Palabra de Dios y la historia de la Biblia son emocionantes.* Los niños no solo se despiertan un día y piensan que la Biblia es «aburrida» o «anticuada». Les han enseñado a ver la Palabra de Dios de esa manera. Sin embargo, los niños necesitan ayuda para ver que la Biblia es una historia emocionante sobre Dios trabajando en el mundo a través de Jesús. La Biblia es un regalo especial de Dios mismo, y es una oportunidad para conocer sobre lo más importante en todo el universo: Dios. Llegamos a convertirnos en exploradores de la Palabra de Dios, y debería emocionarnos más aprender sobre el Creador del universo que sobre cualquier otra cosa creada.

- *Dios es bueno aun cuando nos sentimos mal.* Puede ser difícil confiar en que Dios es bueno cuando nosotros o nuestros hijos padecemos de una enfermedad o discapacidad. Cuando nos esforzamos por caminar por fe y no por vista, entendemos por la Escritura que, si bien Dios hizo que la creación fuera buena, ahora está en decadencia. El pecado y la caída afectan todas las áreas de la vida en este mundo. Cada enfermedad, dolor y discapacidad es un penoso recordatorio de esto; pero lejos de llevarnos a la desesperación, debería llevarnos a anhelar el día en que Jesús regrese a reunir a Su pueblo, a sanar todas las heridas y a enjugar toda lágrima de nuestros ojos.

PREGUNTAS Y TEMAS DE CONVERSACIÓN

- Dígale a su hijo que mami es una niña y que papi es un niño.
- Explíquele los dos géneros y pregúntele a qué género pertenecen las personas.
- Cuando su hijo descubra algo nuevo en el mundo (como las flores, la luna, un animal), dígale que Dios lo hizo, y pregúntele qué otras cosas hizo Dios.
- Tenga conversaciones sobre diferentes cosas que Dios creó. Cuando sus hijos estés jugando con un animal, un juguete, o algo que hayan recogido afuera, hable con ellos sobre cómo Dios creó eso o cómo creó a las personas que lo elaboraron. Si Dios

creó cada pequeño insecto, entonces podemos creer que Él lo creó a usted y a mí, y que prestó atención a los más pequeños detalles.

- Tenga conversaciones sobre lo bueno que es Dios. Es importante que los niños comprendan que Dios ama Su creación y llama a Su creación «buena».

FUNDAMENTO DOS

EDAD PRIMARIA (7-11 AÑOS)

CONCEPTOS CLAVES

Dios ama a hombres y mujeres por igual, pero son intencionalmente diferentes

En el Fundamento Uno se abordó el tema de Dios como el buen Creador. Toda la creación fue hecha por Dios con un propósito. A medida que su hijo comienza a interactuar más con otros niños, es importante que entienda que Dios creó hombres y mujeres para que sean iguales pero diferentes. Esto lo vemos desde los primeros momentos de la creación.

Una parte importante del relato de la creación son las líneas distintivas que Dios dibuja entre hombres y mujeres. Cuando hable con los niños sobre cómo Dios creó a Adán y a Eva, no omita ninguna de las diferencias que se mencionan en el texto.

Génesis 1:27 (NVI) afirma:

> *Y Dios creó al ser humano a su imagen; lo creó a imagen de Dios. Hombre y mujer los creó.*

El género es en realidad parte del diseño original de la creación; esto no se debe pasar por alto. Debido a que Dios nos dio la Biblia, podemos confiar en que todo en la Biblia está ahí por una razón.

En la historia de la creación de Adán y Eva en Génesis capítulo 2, Adán fue formado a partir del polvo del suelo. Esta es una imagen similar a la de un alfarero que crea un jarrón. Entonces, Dios sopló aliento de vida en ese recipiente de tierra para crear al hombre. Una vez más, Dios está activo en los detalles.

Es importante tener en cuenta que la historia de Eva es diferente. Dios hizo que Adán se durmiera; luego tomó una costilla de Adán y de esa costilla creó a Eva. Adán y Eva eran completamente humanos. Sin embargo, Dios los creó de maneras distintas.

Existen dos puntos relevantes que se deben definir en esta historia un tanto extraña.

Primero, hubo una diferencia distintiva en la creación de Adán (hombre) y en la creación de Eva (mujer). Si Dios hubiera querido, Él podía haberlos creado a ambos del polvo, pero eligió crearlos de manera diferente por una razón.

Segundo, Dios quería que Adán y Eva fueran diferentes, pero que tuvieran una *relación* entre ellos.

El momento de la creación de Adán y Eva fue especial. Dios creó a los humanos para que tuvieran un tipo especial de relación entre ellos. Hay diferencias entre hombres y mujeres, y Dios no quiere que estén separados ni que se menosprecien los unos a los otros.

Dios hizo a los niños y a las niñas diferentes, y está bien que los niños y las niñas no sean iguales. Dios los creó para ser diferentes entre sí a propósito. La Palabra de Dios deja claro que hay formas correctas e incorrectas en que los niños y las niñas se tratan entre sí.

Dios ama a los niños y a las niñas por igual y quiere que ellos se traten con amor, bondad y respeto.

La forma en que hablamos e interactuamos con personas del sexo opuesto les transmitirá mucho a los niños que nos observan. Necesitamos buscar formas de enseñar a las niñas y los niños pequeños cómo verse y tratarse mutuamente.

Existen dos principios aquí. Primero, debemos respetar, honrar y valorar las diferencias entre nosotros. Los hombres y los niños no deben ridiculizar a las niñas por las actividades «femeninas» que hacen, y viceversa. Segundo, debemos honrar y promover la diversidad en la expresión de la masculinidad y la feminidad. ¡Después de todo, Jacob se quedó en casa y cocinó (Gn. 25:29), y Jael atravesó con una estaca de la carpa la cabeza de un hombre (Jue. 4:21)!

No todos creen lo mismo

> *Porque creemos que Dios es el buen Creador, y que nos dio Su palabra, creemos lo que dice la Palabra de Dios. Sin embargo, no todos creen lo mismo.*

Para cuando estén en la escuela primaria, sus hijos empezarán a interactuar cada vez más con otros niños de diferentes trasfondos. Es importante que ellos comprendan que algunas personas no creen lo que usted y su familia creen.

Si bien usted no debe asustar o desanimar a sus hijos, sí necesita tener la iniciativa de prepararlos para manejar el desacuerdo de una manera amable. Así como usted desea que la primera vez que sus hijos escuchen hablar de género sea a usted, también debería querer ser el primero en ayudarlos a comprender que los demás piensan de manera diferente. Ellos necesitan saber que usted no ignora estas cuestiones.

Una de las realidades cada vez más difíciles de vivir como cristianos en la actualidad es que muchas personas consideran que nuestras creencias están llenas de odio e intolerancia. Lamentablemente, esto significa que usted les estará enseñando a sus hijos ideas que, si bien son ciertas, podrían muy bien provocar que los critiquen o se burlen de ellos. En Lucas 14:25-33, Jesús le dice a la multitud que calculen el costo de seguirlo, y debemos valorar lo que la fidelidad a Cristo nos puede costar a nosotros y a nuestros hijos. Los padres deben preparar a sus hijos para que no encuentren su identidad en la aprobación de sus compañeros o amigos. Temer a los hombres resulta una trampa (Pr. 29:25), pero el temor del Señor es corrección y sabiduría (Pr. 15:33).

A veces las personas no van a creer lo mismo que tú y yo, y eso los enojará. Es normal que quieras agradar a las personas, pero primero debemos preocuparnos por lo que Dios piensa. Incluso si a ciertas personas no les gusta lo que crees, debes saber que Dios y yo te amamos.

Si siempre estamos viviendo para hacer felices a las personas, no podemos ser buenos seguidores de Jesús (Gl. 1:10).

JESÚS Y EL EVANGELIO

La etapa en que los niños cursan la escuela primaria es sumamente importante para que comiencen a comprender no solo la necesidad que ellos tienen de Jesús, sino también la verdadera necesidad del mundo por Él. Durante este tiempo, los niños comienzan a ver la corrupción del mundo con sus propios ojos y también *comienzan* a entender los conceptos de sacrificio y pecado. Ya sea como respuesta a escuchar sobre un acontecimiento trágico o un descubrimiento confuso, necesitamos trazar un camino que guíe a nuestros hijos de vuelta al evangelio, las buenas nuevas de Jesús.

Puede existir la tendencia de tratar de proteger a los niños de toda la corrupción del mundo, y si bien ciertamente necesitamos ayudarlos a interactuar con eventos y conceptos a su nivel, también debemos estar dispuestos a ser sinceros con ellos sobre algunos de los problemas más desafiantes de la vida. Busque las oportunidades y no esquive los temas difíciles. Muchas veces, los temas más complejos de hablar pueden convertirse en los puentes más sólidos que nos lleven a Cristo. Si dejamos sin responder algunas de las preguntas más desafiantes de nuestra existencia y rehusamos hablar sobre algunas de las cosas agobiantes que encontramos en el mundo, nuestros hijos crecerán y buscarán respuestas en otros lugares. Temas como los desastres naturales, los tiroteos en escuelas y el hambre mundial no pueden entenderse completamente sin ayuda de la Escritura. La Biblia no ignora las consecuencias de un mundo devastado por el pecado, y tampoco debemos hacerlo nosotros. Estos temas desafiantes deben llevarnos a la Escritura y, fundamentalmente, a nuestra esperanza en Cristo.

Por muy preocupados que estemos porque nuestros hijos escuchen las mentiras del mundo, el centro de nuestro enfoque siempre debe guiarlos a Jesús.

CONSEJOS POR EDADES

- *Modele, lo mejor que pueda, la forma en que ambos géneros son iguales pero diferentes.* Padres, amen y respeten abiertamente a la madre de sus hijos; no ridiculice a su esposa o a sus hijas debido a sus características femeninas. La masculinidad bíblica atesora y defiende a las mujeres. Madres, respeten visiblemente al padre de sus hijos y su liderazgo. Anime a su esposo e hijos a realizar más actividades que involucren el ejercicio físico. Una gran parte de lo que crean los niños sobre el género y sobre cómo los dos géneros deben interactuar entre sí provendrá de lo que observen en ustedes.

- *Use películas y medios de comunicación como punto de partida para debatir sobre el género y la creación*: ¿qué se describió correctamente y qué incorrectamente? No evite estas conversaciones únicas, en cambio comience a ser intencional y busque oportunidades para tenerlas con sus hijos. Esto les ayudará a aprender a escuchar, pensar y debatir temas importantes.
- A medida que sus hijos aprenden sobre los dinosaurios, la tierra, y temas similares en la clase de ciencias, *participe en la discusión de cómo combinan esas ideas o no con una cosmovisión bíblica de la creación*. Saber lo que sus hijos están aprendiendo en la escuela es crucial para su trabajo en el hogar.
- *Aliente a sus hijos en su curiosidad*, y ayude a crear un ambiente donde la investigación y la formulación de preguntas sean seguras.
- *Pregunte cuándo sus hijos estarán en una clase de «salud» e indague qué se les enseñará.* Es posible que

desee que sus hijos no asistan a esa clase, o quizás simplemente necesite estar preparado para hablar sobre esos temas antes de la clase y cuando regresen a casa. Ser proactivo con el género y la sexualidad siempre es mejor que ser reactivo.

- Según sea apropiado, *sea abierto sobre las áreas de su vida en las que aún trabaja para alinearse con el diseño de Dios.*
- *Fomente el conocimiento y la comprensión de los puntos principales que aborda el Fundamento uno* en formas que se correspondan con la edad de sus hijos de primaria. Ellos todavía necesitan escuchar que Dios es el buen Creador, que nos conoce personalmente y que el pecado es desobediencia a la Palabra de Dios.

PREGUNTAS Y TEMAS DE CONVERSACIÓN

- Algunas personas no creen que Dios nos haya diseñado y creado intencionalmente o que nunca deja de obrar. Ya que creen eso, es probable que piensen que nuestro género es el resultado de un accidente / posibilidad. ¿Conoces a personas que no creen que Dios los creó? ¿Por qué piensan eso?
- ¿Qué crees acerca de la Biblia?
- Ya que muchas personas no creen que Dios ha hablado a través de la Escritura, ellos creen que cada uno decide por sí mismo cómo debe vivir. ¿Qué creen tus amigos acerca de la Biblia?

- ¿Cómo te has dado cuenta de que los niños y las niñas se comportan de manera diferente o que lucen diferente?

FUNDAMENTO TRES

EDAD DE SECUNDARIA Y PREUNIVERSITARIO (12 AÑOS EN ADELANTE)

CONCEPTOS CLAVES

Confiamos más en la Palabra de Dios que en la narrativa cultural

La cuestión de la autoridad es el centro de toda discusión sobre cómo las personas deben actuar o verse a sí mismas. Todos tenemos un deseo innato de encajar y ser aceptados, pero antes de adoptar una posición respecto a un tema, primero debemos preguntar: «¿Qué dice la Palabra de Dios sobre esto?».

«Toda Escritura es inspirada por Dios y útil para enseñar, para reprender, para corregir, para instruir en justicia» (2 Ti. 3:16). Dado que la Escritura es la Palabra misma de Dios, debe ser nuestra máxima autoridad en todos los temas a los que se refiere. Por supuesto, los no cristianos no ven la Biblia de esta manera, por lo que no debería sorprendernos cuando crean de una manera diferente.

La Biblia aborda el tema del género, como se ha visto en los fundamentos anteriores. Por esta razón, ninguna cantidad de presión cultural o desacuerdo debería ser suficiente para que actuemos o pensemos en contra de la Palabra de Dios. Esto no quiere decir que la Biblia siempre responderá todas nuestras preguntas; no lo hará. Sin embargo, podemos confiar en lo que establece claramente, y descansar en el hecho de que es respaldada por el Dios del universo.

¿Alguna vez has estado en una situación en la que varias personas defienden ideas que se oponen y no sabes en quién confiar? Tal vez ocurrió un incidente de gran conmoción en la escuela y a un amigo le dijeron lo que sucedió de una manera, mientras que otro dijo algo completamente diferente. Cuando las historias entran en conflicto, nos vemos obligados a responder la pregunta: «¿En quién confío?». *Algunas personas se sienten tentadas a simplemente confiar en lo que sea popular en el mundo. Sin embargo, eso cambia a menudo. Otros se sienten tentados a confiar en sí mismos, pero nuestra propia comprensión muchas veces es limitada. Como cristianos, podemos confiar en lo que dice la Palabra de Dios porque Él es inmutable y omnisciente. La Palabra de Dios con frecuencia no goza de mucha popularidad, pero siempre tiene la razón. Esto significa que los seguidores de*

Jesús simplemente no creen lo que todos los demás creen. En lugar de esto, tratamos de confiar en la Palabra de Dios y obedecerla. Un discípulo de Cristo no debe seguir la opinión popular sino a su fe. Jesús siempre nos ama, y siempre está con nosotros, y saber esto nos ayudará a no preocuparnos cuando no le agrademos a otras personas porque no están de acuerdo con lo que creemos.

Necesitamos confiar más en la Palabra de Dios que en nuestros sentimientos

No son solo la cultura y los medios los que presentan puntos de vista contrarios a la Escritura; nuestros propios pensamientos y sentimientos a menudo se oponen a la Biblia también. Probablemente no exista nada que conozcamos tan bien o de manera tan íntima como nuestros propios sentimientos; y son poderosos. A veces lo que nos indican es correcto, pero la mayoría de las veces no es así. En una cultura donde el término «amar» se ha redefinido para que signifique «estar de acuerdo» o «apoyar», los cristianos pueden enfrentarse al problema de sentir que no muestran su amor si no están de acuerdo con otra persona.

Debemos examinar todo: noticias, temas culturales, maestros e incluso nuestros sentimientos, a partir de lo que enseña la Palabra de Dios. A menudo pensamos que debemos confiar en nuestros sentimientos, pero incluso estos deben compararse con la Escritura, que dice: «Nada hay tan engañoso como el corazón.

No tiene remedio. ¿Quién puede comprenderlo?» (Jer. 17:9, NVI).

Alguien puede sentir que al apoyar a una persona o a un amigo en su elección de identidad de género le muestra su amor, pero este sentimiento los ha engañado. Apoyar algo a lo que Dios se opone nunca será una manera de mostrar amor, como tampoco lo es alentar a alguien a actuar contrario a cómo Dios lo ha diseñado. Como cristianos, nuestra primera lealtad, que es de hecho el mandamiento más grande, es a amar a Dios, y luego, en segundo lugar, a las personas. Sentir verdadero amor lleno de Dios por su prójimo nunca implicará animarlo a tener comportamientos que Dios condena. Amar frecuentemente es similar a decirle a las personas lo que no quieren escuchar como muestra de preocupación por su bienestar.

Pero ¿qué pasa si alguien siente que es de un género diferente al que tiene biológicamente? Cada célula en cada uno de nuestros cuerpos tiene dos cromosomas. Con excepciones extremadamente raras, las personas son XX (mujeres) o XY (hombres). Por lo que, incluso si alguien se siente confundido respecto a su género, cada célula de su cuerpo pertenece a un, y solo a un, género específico. Esas células no se confunden.

La tendencia actual es decir que cuando la imagen propia de una persona no coincide con su biología, es el cuerpo el que está mal, no la psicología. Necesitamos animar a las personas a alinear su identidad de género y su percepción de sí mismos con el diseño de su ser físico. Fomentar lo contrario solo conducirá a un mayor sentido de división interna.

Existen personas que luchan con algo llamado «trastorno de integridad corporal». Algunas de estas personas sienten que un brazo o una pierna no pertenecen a su cuerpo. ¿Deberíamos animarlos a que se deshagan de su brazo o pierna debido a este sentimiento? No. Una respuesta que muestra amor es ayudar a la persona a comprender que ese miembro de su cuerpo es una parte natural de quiénes son, y que deben trabajar para alinear sus sentimientos con su biología. Lo mismo aplica para aquellos que luchan con un trastorno alimentario. Usted no le debe decir a una persona de 16 años de edad que pesa 95 libras (43 kg): «Tus sentimientos están correctos; estás demasiado gorda». Estas personas necesitan percatarse de que su biología no es el problema, y nosotros podemos ayudarlos a lidiar con sus *sentimientos*, que están en desacuerdo con su cuerpo.

Personas intersexuales

Las personas intersexuales son individuos que tienen genitales ambiguos o una combinación de genitales masculinos y femeninos, sexo, órganos sexuales internos o cromosomas. Las personas intersexuales son utilizadas frecuentemente como una «carta de triunfo» en los argumentos de las personas transgénero que abordan este tema. Estos individuos representan aproximadamente el 0,05 % de la población o 1 de cada 2.000 (según isna.org).

Por difícil que sea esta situación, la comparación intersexual es una pista falsa, una distracción, para la discusión de las personas transgénero. ¿Por qué? Porque las personas transgénero no tienen genitales ambiguos; tienen genitales claramente definidos, pero quieren vivir de una manera que no concuerda con su estructura física.

Las personas intersexuales no son un fenómeno reciente, y existen investigaciones sólidas que sugieren que el judaísmo trató con esto incluso antes de la época de Cristo. Cuando Jesús se dirigió a las personas que «nacieron eunucos» (Mt. 19:12), es probable que incluyera o se refiriera a las personas intersexuales. Sin embargo, en este mismo pasaje, Jesús afirmó que el género es binario: «¿No han leído [...] que en el principio el Creador "los hizo hombre y mujer"?» (Mt. 19:4). Independientemente de si incluyó o no a las personas intersexuales en la categoría de eunucos, Jesús (que es Dios) afirmó que el género tal y como Dios lo ha creado es binario: una persona solo es lo uno o lo otro, por lo que nosotros también debemos afirmarlo.

No debemos razonar teniendo en cuenta lo incierto y después lo cierto. Debemos comenzar en lo cierto (Dios los creó hombre y mujer) y luego analizar lo incierto. Fundamentalmente, todo se reduce a esto: ¿Ha hablado Dios? ¿Tenía razón? ¿Tiene Él autoridad? La única respuesta correcta y coherente a esas preguntas es «sí».

No hemos desarrollado completamente el tema de la existencia de personas intersexuales, pero no están en la misma categoría que las personas con disforia de género.[1] *Más importante aún, la existencia de una clase de personas no nos dice nada acerca de la rectitud moral de las acciones de otro grupo de personas.* El hecho de que algunas personas tengan genitales ambiguos, no significa que sea bueno que todos los demás elijan su género o que se les anime a actuar en desacuerdo con su biología. Eso simplemente no es correcto.

Estar en desacuerdo con la cultura respecto a tema del género no significa ser intolerante

Aunque es probable que ya sepa esto, si usted adopta una posición clara y convincente sobre el género según la Biblia, es muy probable que lo llamen intolerante, transfóbico, prejuicioso o que le digan que está lleno de odio. Cuando alguien le diga alguna de esas palabras, pregúntele: «¿Qué quiere usted decir con eso?». A menudo, las personas terminarán dando una definición que se aplica tanto a ellas mismas como a usted.

1 Ver la definición de este término en el Glosario en la página 83.

Por ejemplo:

—¿Qué quiere decir con intolerante?

—Bueno, que piensa que tiene razón, y todos los demás están equivocados.

Luego, usted puede responder:

—Pero ¿acaso no cree que tiene razón, y que yo estoy equivocado? ¿Por qué no es eso ser intolerante también?

Tolerancia significaba estar en desacuerdo con alguien y al mismo tiempo respetarlos como personas, pero hemos perdido este concepto. El tipo de «tolerancia» que requiere nuestra cultura moderna es que usted diga que todos los puntos de vista son igualmente válidos, ninguno es mejor que otro. Las personas que creen en la nueva tolerancia no parecen darse cuenta de que, si cada punto de vista es igualmente válido, entonces la opinión suya, que se opone a la de ellos, también es válida. La nueva tolerancia no se puede aplicar consistentemente. Además, la tolerancia implica desacuerdo. No tiene sentido decir que uno tolera algo con lo que está de acuerdo.

Así que, cuando alguien afirme que usted es intolerante, pídale una definición. Lo más probable es que ellos tampoco estén siendo tolerantes (según su definición). La verdadera tolerancia respeta a las personas en medio del desacuerdo. Los cristianos están llamados a hablar la verdad de Dios en la oscuridad de la sociedad y de las vidas de las personas y, aun así, hacerlo con gentileza y respeto. Como ya hemos debatido, todas las personas están creadas a imagen de Dios, y debemos tratarlas como tal, incluso en medio del desacuerdo.

Amar no es sinónimo de apoyar

Para muchos niños (y adultos) resulta difícil ver la diferencia entre el amor y el apoyo. Usted puede amar a alguien sin apoyar lo que hace o cree. Dios nos ama, pero no apoya todas nuestras acciones. No es raro escuchar a las personas afirmar que estar en desacuerdo sobre temas de género y sexualidad no demuestra amor. Eso simplemente no es cierto. Para más información sobre esto, vea «Dios quiere que yo sea feliz» en la sección «Responder a las objeciones» más adelante (pág. 73).

Si amas a alguien, realmente anhelarás lo mejor para ellos. A veces, las personas escuchan cosas que les señalan y no les gusta dar a entender que la persona que se las dijo está llena de odio. Sin embargo, no siempre es así. A menudo, las personas que más nos aman son las que nos dicen las cosas más difíciles. Solo porque alguien esté de acuerdo contigo en algo no significa que te ame. Solo porque alguien no esté de acuerdo contigo no significa que no te ame.

Piensa en un médico que descubre que un paciente tiene una enfermedad. El paciente sin duda quiere

> *escuchar al médico decir:* «Todo está bien. ¡Nos veremos nuevamente para otro chequeo el próximo año!». *El paciente puede incluso sentirse bien, porque no imagina que el médico sabe que tiene una enfermedad grave. Creo que podemos estar de acuerdo en que el médico no debe evitar decirle la verdad al paciente, solo para que el paciente se sienta bien. Eso se consideraría mala praxis. Si el médico se preocupa realmente, será honesto y le dirá la verdad a su paciente. Cuando alguien comparte lo que cree que es verdad, incluso si no coincide con lo que tú crees, eso no es necesariamente una muestra de desamor.*

El problema fundamental no consiste en elegir una identidad de género diferente

Tener una comprensión correcta y bíblicamente definida del género es de suma importancia, pero no es el objetivo principal. Si su hijo tiene un amigo que es hombre, pero se identifica como mujer, la mayor necesidad de esa persona no es aceptar una identidad de género masculina. Su mayor necesidad es la salvación: confiar en el Dios bueno y creador para perdonar su pecado al someterse a Su autoridad.

Así que, en lugar de simplemente intentar abordar los síntomas del estado caído de una persona, necesitamos tratar con la causa de origen, que es su falta de regeneración espiritual.

Por ejemplo, si tiene la oportunidad de hablar con alguien cercano a usted que tiene problemas con su identidad de género, podría decirle: «Esto puede parecer correcto, pero Dios te ha creado hombre, no mujer, y si bien eso es importante, lo que mi corazón más anhela para ti es que llegues a conocer al Dios que te creó».

Todo pecado, o lo que es igual a no obedecer la Palabra de Dios, es digno de castigo por parte de Dios. Sin embargo, no queremos sugerir que el mensaje cristiano es que las personas solo necesitan pecar menos en áreas específicas y que así Dios las verá favorablemente. Ese no es el evangelio de la gracia; es el falso evangelio de las obras. La única esperanza para cada persona, ya sea que haya adoptado una identidad de género diferente, haya robado un banco o les haya gritado a sus padres, es que se vistan con la justicia de Jesús y que confíen en Él para el perdón de sus pecados.

JESÚS Y EL EVANGELIO

Independientemente de lo que creemos sobre el tema del género, todos necesitamos a Jesús. El pecado ha plagado nuestras vidas y necesitamos que Cristo cubra nuestras faltas con Su justicia perfecta. Para entender la necesidad que las personas tienen de Jesús, primero necesitan estar conscientes de su pecado y su corrupción. El evangelio queda al mismo nivel para todos. Cuando realmente creemos el evangelio, no podemos mirar a los demás como si estuvieran demasiado dañados o demasiado alejados de Dios.

Al mismo tiempo, deberíamos preocuparnos lo suficiente como para, de forma humilde, amorosa y cuidadosa, ayudar a otros a ver su necesidad de Jesús. Nada podría mostrar más egoísmo y desamor que ocultar el evangelio a los que nos rodean.

Una parte integral del evangelio es confiar en Cristo para salvación, pero también es crucial confiar en la veracidad de las declaraciones de Cristo sobre la autoridad y la confiabilidad de la Escritura y del diseño masculino / femenino de Dios para los seres humanos.

Cuando Dios nos salva, no nos separa del mundo. En Juan 17 Jesús ora para que el Padre no quite a Sus seguidores del mundo, sino más bien, para que los proteja de Satanás, el maligno, y de sus mentiras (v. 15).

Jesús pudo haber orado para que estuviéramos lo más lejos posible del mundo no cristiano, pero no lo hizo. Él podía haber orado para que ignoráramos completamente el mundo, pero no lo hizo. Jesús no solo nos ha salvado; Él nos ha llamado a ser una luz de verdad en este mundo. Como seguidores de Jesús debemos estar activos. Cuando otros muestren su desacuerdo, no debemos huir, sino tratar de indicarles el camino a Cristo. Por más desafiante que pueda ser, eso es a lo que estamos llamados.

CONSEJOS POR EDADES

- *Conozca los puntos de vista de sus estudiantes.* Los padres necesitan ser «estudiantes de sus estudiantes».

Si usted los va a ayudar a construir fundamentos sólidos en la Palabra de Dios y a seguir a Cristo en este mundo, usted necesita entender sus puntos de vista. Es importante que se tome el tiempo para escucharlos. Haga preguntas que lo ayuden a tener una idea de lo que creen y de cómo piensan. Las conversaciones son esenciales para ayudar a traer claridad a los estudiantes.

- *Comprenda qué los influencia.* Una de las cosas más desafiantes de trabajar con estudiantes de secundaria y preuniversitario es el gran número de influencias que rodean sus vidas. Ellos son influenciados por alumnos en los vestidores, declaraciones en las redes sociales, música en sus teléfonos, espectáculos en Netflix y por lo que escuchan en sus casas. La mayoría de los estudiantes quieren entender «correctamente» las cuestiones importantes de la vida. Ellos quieren entender su propósito en el mundo y tener las opiniones correctas en los temas de sexualidad y género.
- *Los estudiantes no necesariamente buscan que los guíen por el mal camino; solo están confundidos.* Es un reto porque, aunque quieren «entender correctamente», todo el tiempo reciben múltiples respuestas sobre lo que es «correcto». Necesitamos tomarnos el tiempo para hablar a través de las distintas voces que escuchan, y señalarles a la Biblia con claridad y convicción. Si no hablamos con claridad, los

confundiremos y si no hablamos con convicción, no le darán importancia al tema.

- *Siempre incluya el* «por qué». En la secundaria y el preuniversitario, los estudiantes comienzan a desplazarse del pensamiento concreto al abstracto. A medida que comienzan a pensar de manera abstracta, empiezan a enfocarse cada vez más en el «por qué». (¿Por qué le importa a Dios el género con el que alguien se identifica?). Mientras hablamos con los estudiantes, debemos asegurarnos no solo de informarles lo que la Palabra Dios dice, sino *por qué* es importante. Si no tratamos con el «por qué», perderán el interés o ignorarán completamente la enseñanza de la Biblia.
- *Los amigos pueden creer de manera diferente.* Los padres necesitan resistir el impulso de entrenar a sus hijos para que evadan a quienes creen de manera diferente, y aun así protegerlos de influencias que los puedan corromper. La mejor manera de hacer esto es similar al enfoque que se tiene con las vacunas. Antes de viajar a la India, es probable que usted se ponga algunas vacunas, pues sin ellas podría enfermarse. Sin embargo, usted se pone las vacunas *y luego se va a la India*. Entrenar a nuestros niños en estas áreas puede seguir un enfoque similar: inmunice a sus hijos enseñándoles la verdad bíblica y cómo otras personas no están de acuerdo con lo que plantea. Luego, use

los eventos de la vida como una plataforma para continuar el debate.

- *Necesita involucrarse más en la formación del pensamiento de sus hijos cuando tienen amigos que creen diferente*. Así que, si su hijo tiene un amigo que se identifica como transgénero, anime a su hijo a mostrar el amor de Cristo a esa persona al no rechazarla y ser amable. También es una buena oportunidad para hablar con su niño sobre cómo todos tenemos nuestros pecados y problemas. No debemos evitar a los no cristianos por su pecado, sino que debemos amarlos como personas sin ser permisivos con el pecado.
- *Manténgase proactivo*. La conversación cultural sobre el género surgió de repente, y está cambiando con rapidez. Siempre hay algo en las noticias sobre ese tema y nos enfrentamos a la pregunta: ¿vamos a dejar que la cultura enmarque este debate, o lo vamos a enmarcar *nosotros*?
- Como se mencionó anteriormente, *hablar de género no es una conversación de una sola vez*. El bombardeo constante de noticias y eventos sociales relacionados con el tema son buenas oportunidades para iniciar una conversación al respecto en el camino a casa desde la escuela o en familia durante la cena. Como familia, traten de encontrar las ideas erradas, debatir lo que la Biblia plantea al respecto, y decidir cuál debe ser

la respuesta cristiana amable y llena de convicción que deben dar.

PREGUNTAS Y TEMAS DE CONVERSACIÓN

- ¿Por qué crees que nuestra cultura plantea que puedes ser del género que quieras?
- ¿Qué creen tus amigos sobre el género?
- ¿Por qué las personas rechazan la idea de que solo hay dos géneros? ¿Cómo responderías?
- ¿Conoces a alguien que es transgénero? ¿Cómo es? ¿Cómo reaccionan los demás con esa persona? ¿Cuál crees que sería una buena manera de reaccionar?
- ¿Cuán difícil es creer de manera diferente a muchos de tus compañeros de clase?
- ¿Qué identidades diferentes tenemos como personas (por ejemplo: etnia, nacionalidad, género, trabajo, intereses)?
- ¿Cómo podemos asegurarnos de que nuestra identidad en Cristo es lo más importante?

PASOS BÍBLICOS ÚTILES PARA LEER Y DIALOGAR

Crianza de los hijos

- *Deuteronomio 11:19.* Necesitamos enseñar a nuestros hijos lo que ha sido declarado por el Señor.
- *Proverbios 22:6.* Necesitamos criar a nuestros hijos de una manera intencional que ayude a guiarlos a través de la vida.

Creación

- *Génesis 1–3.* Dios crea al hombre y a la mujer y los califica como algo «muy bueno». La existencia de ambos géneros fue una parte intencional de la creación de Dios para Su gloria.
- *Mateo 19:4-6.* Jesús reafirma que Dios nos diseñó «hombre y mujer».
- *Salmos 139:13.* Nos deja saber que Dios «nos formó» en el vientre.
- *Romanos 1:18-32.* Pablo nos explica que es posible elegir pasiones «que van contra la naturaleza» y que no honran a Dios. Todos necesitamos la gracia de Dios porque todos hemos elegido pecar contra Él.

Cosmovisión

- *Romanos 12:2*. Debemos tener cuidado de no amoldarnos a la forma en que el mundo piensa y ve.
- *Salmos 119:105*. La Palabra de Dios debe ser una guía para nuestra vida. Puede que no responda a cada pregunta específicamente, pero nos da la sabiduría para aprender a pensar sobre estas cuestiones.

Confiar en lo que la Escritura enseña

- *2 Timoteo 3:16*. Podemos confiar en la Escritura porque es inspirada por Dios y nos capacita para vivir por Él y agradarle a Él.
- *Jeremías 17:9*. Es peligroso «confiar en nuestro corazón».
- *Efesios 4:17-18*. El pecado oscurece el entendimiento y distorsiona nuestra comprensión de cómo deberíamos ver el mundo y la vida.

Escritura que necesita aclaración

- *Gálatas 3:28*. Dios no afirma que el género no exista más, ya que Pablo también define funciones diferentes para cada género en Efesios 5. Sin embargo, Él dice que todas las personas son iguales en su valor y su posición ante Dios, sin importar su género.

UNA PALABRA FINAL PARA PADRES Y PASTORES

Aunque vivimos en un mundo caído, lleno de confusiones, seguimos a un Salvador resucitado que ha vencido a este mundo y nos ha dado Su palabra. Como padres cristianos, y como aquellos que tienen la responsabilidad de guiar a los niños y a los jóvenes en la iglesia, Dios nos ha llamado y nos ha capacitado para la tarea de enseñar a nuestros hijos a amar y a caminar en los caminos de nuestro Señor. Aun cuando es posible que sus hijos no tengan problemas con su identidad de género, es casi seguro que les resultará difícil elegir a quién escuchar: ¿a la Escritura o a la cultura? Al inculcar en sus hijos un fundamento firme en la verdad bíblica, es más probable que ellos resistan los vientos de los cambios culturales cuyo objetivo no es otro que amoldarlos a la conformidad.

Siéntase alentado. Usted no está solo en su propósito de criar hijos llenos de Dios. Otros padres y pastores en su iglesia local tratan de hacer lo mismo. Únase a ellos y confíen unos en otros. Pida consejos. Comparta sus experiencias y resultados al intentar aplicar las sugerencias dadas en esta guía.

Recuerde: nunca es tarde para empezar a tener estas conversaciones, pero nunca es demasiado temprano, tampoco.

PARA ADULTOS

ENTENDER LOS PROBLEMAS: RESPONDER A LAS OBJECIONES

Seamos honestos: puede ser incómodo hablar de género y sexualidad. Es incómodo para el adulto *y* para el niño, pero la incomodidad no debe impedirnos tratar estos temas. Si permitimos esto, en efecto afirmamos que nuestra comodidad es más importante que inculcar en nuestros niños un concepto bíblico de género y autoridad. Si las voces más claras que escuchan los hijos sobre estos temas no son las de sus padres, serán las de la cultura.

Cuando analizamos lo que realmente está en peligro, que es la lealtad a la Palabra de Dios y su buen diseño en la creación, podemos y debemos superar la incomodidad. Muchas de las actividades importantes en la vida no son fáciles ni cómodas, pero pueden ser gratificantes y beneficiosas.

Podemos reconocer ante nuestros hijos que el tema tal vez es incómodo, pero que es lo suficientemente importante como para que lo abordemos, y esto les enseñará que la incomodidad no debe impedirnos hacer lo correcto. La cultura no se siente incómoda al hablar con nuestros hijos sobre género, y debe ser igual para nosotros.

BAÑOS

A veces la confusión de género va acompañada de un deseo de usar el baño que coincida con la identidad de género de una persona y no con su biología. Esto ha llevado a muchas controversias, como la adopción en grandes cadenas minoristas de una política donde los compradores pueden usar el baño que deseen.

Del mismo modo, muchas escuelas y universidades ahora permiten que los estudiantes utilicen el baño que coincida con la identidad de género que han elegido. Entonces, la pregunta es: ¿cómo deben pensar los cristianos sobre el tipo de baño que usan las personas? Podría parecer extraño que los cristianos se preocupen por esto en absoluto, y es posible que creyentes verdaderos tengan opiniones diferentes, pero existen varias razones determinantes por las que se debe asumir una posición al respecto.

En primer lugar, existe una preocupación legítima por la seguridad. Cuando se entiende que a un baño solo pueden entrar personas con aspecto femenino, es muy fácil darse cuenta cuando un hombre entra.

Sin esta limitante, no hay nada que impida a los depredadores masculinos utilizar el baño sin despertar sospechas. Esto no quiere decir en absoluto que las personas transgénero son depredadoras; sino que otros que sí lo son se aprovecharán de que el acceso al baño ya no esté basado en el género.

En segundo lugar, como se están elaborando leyes para permitir que las personas utilicen el baño de su identidad de género elegida, necesariamente esto infringirá la libertad religiosa de las iglesias y de los dueños de negocios. Algunas ciudades / estados ya han intentado decir que, si las iglesias están abiertas al público, deben dejar que las personas usen el baño que deseen. Esto claramente infringe el derecho de la iglesia a estructurar sus instalaciones en la forma en que lo establecen sus convicciones.

En tercer lugar, a nadie se le niega el acceso al baño; solo que necesitan usar el que se corresponde con su sexo biológico. Por eso hay instalaciones separadas para diferentes sexos. Los tipos de instalaciones coinciden con los tipos de la anatomía. Los baños están diseñados para que coincidan con los cuerpos, no con las almas. Por supuesto, también hay problemas de privacidad, que constituye otra razón para tener instalaciones separadas. Las niñas biológicas no deberían tener que enfrentarse al temor de compartir su vestidor con hombres biológicos.

EL LENGUAJE IMPORTA

El lenguaje realmente importa. Nos permite comunicarnos unos con otros respecto al mundo. ¿Puede imaginarse tratar de realizar tareas sencillas con otras personas sin usar algún idioma? Sería imposible.

Debido a que el lenguaje es nuestra forma de describir el mundo, a menudo, estaremos en desacuerdo con las personas que ven el mundo de manera diferente respecto a la elección de palabras. Por ejemplo, cuando una persona comienza a identificarse como perteneciente a un género diferente, puede que desee cambiarse el nombre, por uno que coincida con su nueva identidad de género. Marcos puede desear que lo llamen María. Si bien puede parecer extraño, deberíamos llamar a las personas por el nombre que ellos deseen, ya que los nombres son figurativos e inventados.

Además de cambiar su nombre, una persona que se identifica como perteneciente a un género diferente puede desear que otros le hablen con los pronombres que coinciden con su nueva identidad de género. Así que, en lugar de usar «él» para referirse a Marcos, le puede pedir usar «ella» porque ahora se va a referir a María. Una vez más, los cristianos tendrán diferentes opiniones sobre esto, pero creemos que es apropiado llamar a las personas por el *nombre* que elijan, ya que no queremos ofenderlos innecesariamente. Sin embargo, creemos que sería incorrecto referirnos a las personas con *pronombres* que no coinciden con su sexo biológico.

Dado que María es un hombre (aunque *él* se identifica como mujer), deberíamos, aun así, usar los pronombres masculinos cuando nos referimos a *él*.

Los nombres son figurativos e inventados, pero los pronombres reflejan el sexo de una persona *como fue creada por Dios*. Los pronombres son nuestra forma de describir la realidad sobre el sexo de una persona. No todos los cristianos concuerdan en que es mejor llamar a las personas por los pronombres que coinciden con su sexo en lugar de los que coinciden con su identidad de género elegida. Ellos dirían que negarse a dirigirse a alguien como esa persona lo pide sería poner un obstáculo innecesario en la comunicación. Apreciamos esta preocupación y respetamos su posición en este asunto.

Sin embargo, es importante percatarse de que hay al menos dos públicos en las conversaciones: está, por supuesto, la persona con la que hablamos (que tal vez se sienta inconforme con nuestra elección de pronombres), pero Dios también es un público y observa cómo hablamos de *Su* mundo y de Sus criaturas que portan Su imagen. Por esta razón, no deberíamos hablar intencionalmente de Su creación de manera diferente a como Él lo hace. Cuando nos referimos a un varón biológico como «mujer» o como «ella», no describimos el mundo como es y como Dios lo diseñó.

Dicho esto, es mejor evitar el uso de pronombres personales para referirse a una persona si usted no está de acuerdo con los pronombres que se deben utilizar. Debemos tratar de no ofender a las personas cuando podamos, sin dejar de ser fieles a nuestras convicciones.

¿CUÁL ES EL RIESGO?

Si bien el riesgo evidente es que sus hijos se sientan confundidos, detrás de esta preocupación está el riesgo de que sus hijos permitan que la cultura los aleje de la Escritura. Cada día, la cultura se opone más a la visión bíblica del pecado, el yo y la sexualidad. Inevitablemente, usted y sus hijos tendrán relaciones con personas que viven en formas opuestas al diseño de Dios. *Debemos* tener relaciones con personas así. Si no construimos relaciones con personas perdidas, reducimos drásticamente nuestras posibilidades de compartir el evangelio con ellos.

La preocupación surge cuando su hijo es cercano a alguien que es transgénero. En ese caso, su hijo probablemente sentirá la tensión entre la enseñanza que recibió de que los cristianos deben amar a todo el mundo, y al mismo tiempo la creencia de que esta elección de estilo de vida es incorrecta. Con frecuencia, este tipo de situación tiene como resultado que el cristiano comprometa sus creencias a causa de la relación que tiene con la otra persona. Por esta razón lo más importante es establecer a sus hijos en la verdad de Dios desde una edad temprana, y modelar para ellos cómo construir relaciones con quienes no están de acuerdo con nuestros puntos de vista.

Así que, el riesgo más apremiante no es que su hijo se convierta en transgénero, sino que este u otro problema abra una brecha entre él y la palabra confiable de Dios. Los cristianos no tienen que creer la mentira de que pueden amar a sus amigos o estar de acuerdo con la Biblia. Podemos y debemos hacer ambas cosas.

¿QUÉ HACEMOS CUANDO LOS CRISTIANOS DISCREPAN?

Aunque los cristianos hemos sido regenerados por el Espíritu Santo, todavía podemos diferir en muchas cosas. Es posible que usted haya leído ideas en este libro con las que no está de acuerdo. En lo referido a abordar cuestiones de transexualidad, existen puntos de acuerdo más y menos importantes. Por ejemplo, ya que la Escritura es nuestra autoridad, no es posible contradecir la verdad de que el género es binario. Debemos afirmar que Dios hizo a los humanos hombres y mujeres. Esto está extremadamente claro.

Por otro lado, los puntos de vista sobre cómo enfrentamos a la cultura en este tema y qué políticas públicas apoyamos o no, pueden muy bien diferir, incluso si apoyamos el diseño de Dios para la humanidad. Un cristiano puede creer que las personas transgénero deben usar el baño que deseen y otros pueden estar en desacuerdo. Alguien puede creer que deberíamos usar los pronombres que una persona transgénero prefiere que le digan y otros podrían no pensar así.

Ciertamente hay espacio para el diálogo y el debate en esos aspectos. Tal vez usted cambie la opinión de alguien, o quizás ellos cambiarán la suya, pero en todas nuestras discusiones debemos mostrar gracia y paciencia. Sin embargo; si alguien no está de acuerdo con la naturaleza del trabajo creativo de Dios al hacer a los humanos varón y hembra, debemos regresar a la Escritura y alentar a otros a hacer lo mismo.

LA FORMA EN LA QUE USTED HABLA IMPORTA

Con la revolución sexual ha llegado la tendencia de que las personas basen su identidad y su valor en su sexualidad o identidad de género. Si bien creemos que esto es erróneo, debemos recordar cuán profundamente se puede percibir lo que pensamos cuando hablamos con esas personas. Cuando no estamos de acuerdo con su comportamiento o si decimos que está mal o que va contra el diseño de Dios, ellos a menudo toman esas afirmaciones como base para decir que todo lo que ellos son está mal o es contrario al diseño de Dios. Aunque todavía necesitamos comunicar la verdad bíblica, tenemos que estar conscientes de la forma en que nos pueden interpretar en estos tipos de cuestiones.

Sin embargo, más que eso, no podemos permitirnos considerar esta cuestión como «problemas» o «posiciones». Estas son personas reales, portadoras de la imagen de Dios, que están confundidas y heridas. Cuando debatimos estos temas, tenemos que recordar que estos casos tienen nombres y caras. La persona transgénero no es una posible discusión que hay que ganar, sino un alma que necesita consuelo y aliento, una persona que está perdida en la oscuridad y a quien queremos guiar hacia la Luz del mundo. Al final, el verdadero descanso solo se encuentra a través de la obra transformadora del Espíritu en el alma, como parte de creer en el evangelio. Debemos ser tolerantes y amables con estas personas para mostrarles el amor de Jesús, si tenemos la esperanza de que en alguna ocasión escuchen sobre el diseño de Dios y Su plan de redención para ellos.

La forma en que nos expresamos puede conformar o destrozar nuestro mensaje, y la sensibilidad de nuestra cultura a nuestro «tono» es más alta que nunca antes. El pastor y autor Tim Keller afirma:

> *El amor que no va acompañado de la verdad es mero sentimentalismo; nos reafirma y nos da aliento, pero sin hacernos reconocer nuestras faltas. La verdad sin amor es inclemente; proporciona información que no estamos en disposición de poder escuchar. El amor para salvación de Dios en Cristo se caracteriza tanto por una verdad radical respecto a quiénes*

> *somos, y por un compromiso de fidelidad igualmente radical. La misericordia que nos brinda nos hace ver la realidad del estado en que nos encontramos, y nos insta al arrepentimiento; convicción y arrepentimiento que nos mueven a aferrarnos a esa gracia y misericordia divinas.*[2]

Seamos personas que reflejan el compromiso de nuestro Señor a amar con sinceridad, y a hablar la verdad en amor.

RESPONDER A LAS OBJECIONES

A medida que usted se esfuerza por enseñar y aplicar los conceptos que aparecen en este libro, encontrará objeciones. Algunas de estas han sido abordadas en sus respectivas secciones. Hemos incluido, a continuación, respuestas a otras objeciones más generales. Si bien no es una lista exhaustiva, esperamos que la forma en que se aborda cada objeción sirva de modelo para responder a otras posibles objeciones. Estas objeciones puede planteárselas a usted un niño que es un cristiano profesante y que tiene problemas para dar respuesta a preguntas que le ha hecho un amigo en la escuela o en la universidad. Usted puede ayudar a nutrir su fe y equiparlo para responder a otros y de esa forma cumplir la instrucción:

---

2 Keller, Timothy. *El significado del matrimonio*. B&H Publishing Group, 2017. Pág. 52.

Estén siempre preparados para responder a todo el que les pida razón de la esperanza que hay en ustedes. Pero háganlo con gentileza y respeto.
(1 P. 3:15-16, NVI)

«La Biblia está obsoleta»

A lo largo de esta guía, hemos sido consistentes en fundamentar nuestra perspectiva en lo que dice la Biblia sobre Dios, la creación y el género. Sin embargo, para muchas personas, esto da paso a una interrogante: ¿por qué debería importarme lo que dice un libro de dos mil años sobre el género o la vida?

Si fuera tan solo un libro como cualquier otro, probablemente no debería importarles mucho, pero como afirma 2 Timoteo 3:16, toda la Escritura es la Palabra de Dios, y como tal no puede haber una autoridad superior. Sin embargo, la mayoría de las personas no encuentran suficientemente convincente que la Escritura afirme ser la Palabra de Dios; pero, hay muchas razones adicionales para creer que sí lo es.

En primer lugar, la evidencia manuscrita que tenemos del Nuevo Testamento es antigua; tenemos copias que datan de entre 20 y 50 años del tiempo en que se escribieron los documentos originales. Poseemos miles de copias recolectadas a través de los siglos, por lo que podemos ver que la enseñanza de la Biblia no ha cambiado. Usted puede preguntar: ¿cómo se compara esto con otras obras antiguas? Existen miles de copias más que son cientos de años anteriores a las de cualquier otra obra antigua.

En segundo lugar, la Biblia contiene testimonios de testigos oculares, como los de Pedro y Juan. Lucas habló con testigos presenciales para compilar los Libros de Lucas y Hechos. ¿Cómo sabemos que en realidad observaron los eventos que describen? Citan correctamente lugares, dialectos, gobernadores, costumbres y más detalles que solo sabrían de haber estado donde y cuando afirmaron que estuvieron.

Tercero, la Biblia contiene detalles que solo se hubieran incluido si fueran ciertos, ya que uno no se inventa intencionalmente historias vergonzosas. Los autores bíblicos dejaron constancia de que dudaron de Jesús, lo negaron, se durmieron cuando Él les dijo que oraran y no lo entendieron. Escribieron que la familia de Jesús pensó que Él estaba loco, y otros creyeron que era un borracho o incluso el diablo. Estos son solo algunos de los detalles vergonzosos que aparecen en la Biblia. Nadie inventa historias en las que se hace quedar mal a sí mismo.

Cuarto, los autores bíblicos estaban dispuestos a soportar la tortura y morir por sus afirmaciones. A diferencia de los extremistas religiosos de hoy, los autores bíblicos tenían la posibilidad de saber si sus afirmaciones sobre Jesús eran correctas; porque ellos presenciaron lo que afirmaban. Los extremistas de hoy no tienen conocimiento de primera mano de sus afirmaciones. Muchas personas morirían por algo que creen que es verdad, pero nadie moriría por algo que *sabe* que es mentira.

Por estas y otras razones, los cristianos pueden confiar en que la Biblia es la Palabra de Dios. Puesto que Dios es perfecto, Su palabra también es perfecta; no contiene errores. La Biblia no indica que exista la posibilidad de que Jesús tuviera razón respecto a amar a nuestro prójimo, pero que estuviera equivocado en lo referido a cómo nos creó Dios para vivir y funcionar.

La verdad de cómo Dios creó a los humanos, hombres y mujeres, no cambia con el tiempo y no se vuelve anticuada. Fue certera hace dos mil años, y aún hoy es confiable y verdadera.

«Dios quiere que yo sea feliz»

Es común escuchar a las personas decir que Dios solo quiere que sean felices. Tristemente, este mensaje también se ha filtrado en la predicación y la enseñanza de algunas iglesias. El problema es que la palabra «feliz» generalmente no es concreta. Nos corresponde a cada uno de nosotros definir qué significa la felicidad para nosotros. Para una persona, ser «feliz» podría traducirse en tener una casa grande y un automóvil lujoso, y para otra podría ser tener un hogar lleno de familiares reunidos alrededor de la mesa. Entonces, ¿quiere Dios que seamos felices? Para responder eso, primero debemos responder dos preguntas más generales: ¿quiere Dios ciertas cosas para nosotros? y ¿cómo podemos saberlo?

Para poder saber lo que Dios quiere, Él tendría que revelarnos Sus deseos. Afortunadamente, existe un lugar donde Dios se ha comunicado de forma personal con nosotros y nos ha revelado información sobre Él: la Biblia.

> *Toda Escritura es inspirada por Dios y útil para enseñar, para reprender, para corregir, para instruir en justicia, a fin de que el hombre de Dios sea perfecto, equipado para toda buena obra.*
>
> *(2 Ti. 3:16-17)*

En otras palabras, la Escritura nos ofrece todo lo que necesitamos para hacer el bien y ser justos. Sin embargo, cuando la consultemos, nunca encontraremos a Dios diciendo que quiere que seamos felices ni tampoco que la felicidad personal de uno es el mayor bien.

En la Escritura, Jesús les dice a aquellos que quieren buscar la justicia que se nieguen a sí mismos, que tomen su cruz y lo sigan. La Escritura también afirma que fuimos creados para «proyectar» (reflejar) la gloria de Dios, y que nuestros deseos a menudo son pecaminosos: el pecado nos hace felices. Si bien ciertamente podemos continuar esta lista de verdades bíblicas, una cosa está clara: fuimos creados para vivir para la gloria de Dios, no para nuestra propia felicidad. Debemos ser santos como Él es santo.

Cuando muramos diariamente a nosotros mismos y procuremos la piedad, realmente encontraremos un gozo verdadero y duradero. Esto tiene más relación con lo que Dios ha revelado en la Escritura, ya que Jesús vino para que podamos tener vida y la tengamos en abundancia. Dios nos creó para adorarle, y lo hizo de tal manera que solo cuando lo glorificamos nuestras almas se sienten profundamente satisfechas. Si buscamos la felicidad, esta será fugaz, pero si buscamos la santidad, encontraremos gozo permanente.

Quizás la forma más fácil de lidiar con esta objeción es preguntarle a la persona: «¿Cómo llegó a la conclusión de que Dios solo quiere que sea feliz?». Haga que le proporcione razones por las que usted (y ellos) deben tener esa opinión. Lo más probable es que le digan algo acerca de que Dios es amor, y que amar significa hacer feliz a alguien. Usted puede proporcionar ejemplos de la Escritura y la vida cotidiana que refuten esta idea y que muestren que amar a veces requiere realizar acciones desagradables, que sin embargo muestran amor.

«Dios me hizo de esta manera»

Si bien no siempre es así, muchas veces la persona que afirma que su comportamiento es correcto porque «Dios lo hizo de esa manera» en realidad no cree que Dios creó la vida; sino que cree en la evolución. Esta es una gran contradicción: usted no puede afirmar que

Dios lo hizo como es y negar Su trabajo creativo al hacerlo.

Sin embargo, incluso si ese no es el caso, esta afirmación demuestra demasiado. Si por Dios crear a una persona, sus deseos y sus acciones son aceptables, entonces, ¿cómo podemos condenar el asesinato, el adulterio y la violación? Las personas que cometen esas acciones tienen deseos naturales que las llevan a esas acciones. Las personas que mienten y cuentan chismes también fueron hechas por Dios, pero esto no significa que esas acciones sean aceptables. Nunca se puede determinar si algo *debería* ser de una forma simplemente porque *es* de esa forma. Solo porque las personas mienten, eso no significa que mentir está bien. Y solo porque las personas tienen disforia de género, eso tampoco significa que cambiar el género de uno sea bueno.

Este y todos los reclamos deben estar sujetos a la luz reveladora de la Escritura. Cuando Dios dijo que hizo a los humanos, «varón y hembra», hablaba, al menos, de su biología física. En ese momento no existía una construcción social de cómo se suponía que los niños o las niñas debían ser. Lo que Dios dijo que era masculino lo era debido a la biología. Nada en la Escritura indica que haya un cambio al respecto.

Sin embargo, poco después de ver a Dios crear al hombre y a la mujer, ellos cayeron en pecado y causaron la caída del mundo. Su pecado rompió su relación con Dios, su relación entre sí y su autoimagen. La naturaleza de todos está corrompida por el pecado, no es solo la de la persona transgénero. Todos tenemos deseos que son contrarios al buen diseño de Dios. Entonces, sí, Dios hizo todo, y fue bueno. Sin embargo, esa buena creación (la humanidad) desobedeció a Dios, y ahora todo en la creación está dañado o destruido; las cosas no son como deberían ser. Y es por eso que no podemos señalar algo en el mundo y decir: «*Debería* ser así porque *es* así».

«Los cristianos son de mente cerrada»

Cuando alguien le diga que es estrecho de mente o que es de mente cerrada, antes de comenzar a defenderse o plantear su desacuerdo, pregúntele a esa persona qué quiere decir con «mente cerrada». Lo más probable es que le dirá algo como: «Usted cree que tiene razón y que todos los demás están equivocados». Entonces podría hacerle una segunda pregunta: «¿Usted cree que tiene razón y que yo estoy equivocado?», ya que esa persona claramente cree que usted está equivocado. Según su propia definición, esa persona también es de mente cerrada.

También puede preguntar por qué está mal ser de mente cerrada. Si hay respuestas correctas e incorrectas a preguntas importantes, ¿no deberíamos ser sumamente cautelosos con los puntos de vista que adoptamos? La naturaleza de la verdad es que es estrecha y exclusiva. Hay tantas preguntas en la vida, para las que existe solo una respuesta correcta, y una multitud de respuestas incorrectas. ¿Debo tomar insulina o helado para mi diabetes? ¿Está la Casa Blanca en Washington o en la Ciudad del Lago Salado? ¿Se levantó Jesús de entre los muertos o no? ¿Creó Dios al hombre y a la mujer claramente diferentes, pero como complemento uno del otro? Debe haber respuestas correctas e incorrectas a estas preguntas. Cuando las personas no están de acuerdo con las respuestas, están siendo igualmente estrechos de mente en sus puntos de vista.

Sin embargo, los cristianos no deberían tener mente cerrada en muchos temas. Es decir, debemos evaluar la evidencia y llegar a las mejores conclusiones que podamos. En cada tema que trata la Biblia, ella misma es la mejor evidencia. Al ser la revelación de Dios para nosotros, ella es la máxima autoridad. Por lo tanto, nuestras opiniones serán necesariamente estrechas. No debemos tener mentes cerradas, sino mentes abiertas a ser llenas de la Palabra de Dios.

«Si Dios me perdona y me ama, ¿cuál es el problema?»

«Jesús pagó por nuestro pecado en la cruz, ¿verdad? Así que no importa cómo vivo». Cuando nos enfrentemos a esta afirmación, debemos preguntarle a la persona cómo llegó a esta conclusión. Pídale que explique su idea. La única forma en que podríamos saber algo así es si Dios lo reveló en la Escritura. Afortunadamente, Dios se refiere a esta afirmación en el Nuevo Testamento.

En Romanos 5, Pablo nos dice que todos los que están en Cristo han sido declarados justos, precisamente ante Dios. Luego, al inicio del capítulo 6, él plantea lo que sería una pregunta natural: si hemos sido declarados justos, «¿continuaremos en pecado para que la gracia abunde?». A lo que Pablo responde: «¡De ningún modo!». Tenemos que crucificar las obras de la carne y cualquier cosa que se oponga a la voluntad de Dios.

La Escritura también se dirige a la persona a la que se le ha revelado la verdad y sin arrepentimiento sigue en pecado:

> *Si después de recibir el conocimiento de la verdad pecamos obstinadamente, ya no hay sacrificio por los pecados. Solo queda una terrible expectativa de juicio, el fuego ardiente que ha de devorar a los enemigos de Dios.* (Heb. 10:26-27, NVI)

Si no deseamos dejar de pecar, deberíamos preguntarnos si tenemos o no el Espíritu Santo, que es quien trabaja para reformar nuestros deseos y hacernos más como Cristo.

«¿Qué pasa si perteneces a ambos géneros?»

A la persona que hace esta pregunta, pregúntele cómo determinó que pertenecía a ambos sexos. Lo más probable es que esto se derive de cómo se sienten. Las personas son individuos, y debemos hablar con ellos como individuos con sus preocupaciones individuales. Para los no cristianos, la mayor preocupación es que no conocen a Cristo. Para el cristiano que lucha con la creencia de que pertenece a ambos géneros, debemos ir a la Escritura y ver que Dios nos ha creado *ya sea* hombre o mujer.

Cuando tenemos sentimientos que no están de acuerdo con cómo Dios nos diseñó, es nuestro trabajo ocuparnos en alinear cómo pensamos y sentimos con cómo estamos hechos para funcionar. Pablo dice:

> *Destruyendo especulaciones y todo razonamiento altivo que se levanta contra el conocimiento de Dios, y poniendo todo pensamiento en cautiverio a la obediencia de Cristo.* *(2 Co. 10:5)*

Todos tenemos pensamientos, sentimientos e impulsos que son deshonrosos y van contra el diseño de Dios, pero nuestros sentimientos no siempre nos informan correctamente sobre la realidad.

Puede que yo sienta que pertenezco a ambos sexos, pero eso no significa que lo sea. Algunas personas que tienen un peso saludable sienten que están con sobrepeso, aunque no sea así. Sentir que usted está pasado de peso no lo *hace* estarlo, de la misma forma que sentir que pertenece a ambos sexos no lo hace ser de ambos sexos.

No debemos ignorar el hecho de que los sentimientos son reales y poderosos, aun cuando no siempre nos informan correctamente. No desestimemos a la persona que está confundida con el género porque «es solo un sentimiento que tiene». Necesitamos caminar con las personas y ayudarlas a fundar su identidad en su creación como portadoras de la imagen de Dios y como *hijos adoptados* en la familia de Dios.

PALABRAS FINALES DE ÁNIMO

Estas conversaciones no son «algo de una sola vez», son «algo que hacer toda la vida». Esto no significa que no haya momentos importantes y estratégicos para sentarse y tener una conversación, pero debemos entender que tenemos que conversar constantemente sobre género en una manera acorde con la edad de nuestros hijos. La televisión y la radio no tendrán una sola conversación con sus hijos sobre género, ni tampoco las redes sociales. Y puede estar seguro de que los estudiantes en el pasillo o en la clase de educación física no tendrán una conversación única sobre género con sus hijos. Como cristianos que creen lo que la Palabra de Dios dice sobre el género, no seamos los últimos que hablemos de ello ni los que menos lo hagamos. Propóngase tener conversaciones frecuentes y apropiadas en su hogar.

Es mejor tratar el tema demasiado temprano y no demasiado tarde. Sin duda alguna, queremos ser apropiados en lo que se refiere a las edades de los niños, pero también debemos ser proactivos, no reactivos. El propósito de esta guía es ayudarlo a iniciar la conversación con sus hijos antes de que otros lo hagan.

GLOSARIO

Estas definiciones provienen de un sitio en pro del transgénero (stonewall.org.uk). Si bien hemos incluido las definiciones tal como fueron escritas, rechazamos la idea de que el sexo se «asigna» al nacer. El sexo de una persona es intrínseco a su biología. Nosotros no lo asignamos; lo describimos.

Cambio de sexo: Otra forma de describir la transición de una persona. Someterse a una reasignación de género por lo general significa someterse a algún tipo de intervención médica, pero también puede referirse a cambiar nombres, pronombres, vestirse de manera diferente y vivir en el género que personalmente se ha identificado.

Cisgénero o Cis: Alguien cuya identidad de género se corresponde con el sexo que se le asignó al nacer. Algunas personas también utilizan el término «no trans».

Disforia de género: Se usa para describir cuando una persona experimenta incomodidad o angustia porque existe una falta de correspondencia entre el sexo que se le asignó al nacer y su identidad de género. Este es también el diagnóstico clínico para alguien que no se siente cómodo con el sexo que se le asignó al nacer.

Hombre transgénero: Término usado para describir a alguien a quien se le asignó el género femenino al nacer pero que se identifica y vive como un hombre. Esto puede reducirse a hombre trans o FtM *(Female to Male)*, una abreviatura que, según sus siglas en inglés, significa «de mujer a varón».

Identidad de género: La percepción interna de una persona respecto a su propio género, ya sea masculino, femenino o algo más (ver *No binario*).

Intersexual: Un término usado para describir a una persona que puede tener los atributos biológicos de ambos sexos o cuyos atributos biológicos no se ajustan a los supuestos sociales sobre lo que constituye un hombre o una mujer. Las personas intersexuales pueden identificarse como hombres, mujeres o no binarios.

Mujer transgénero: Término usado para describir a alguien a quien se le asignó el género masculino al nacer pero que se identifica y vive como una mujer. Esto puede reducirse a mujer trans o MtF *(Male to Female)*, una abreviatura que, según sus siglas en inglés, significa «de varón a mujer».

No binario: Un término general para una persona que no se identifica como hombre ni como mujer.

Pronombre: Palabras que usamos para referirnos al género de las personas en una conversación; por ejemplo, «él» o «ella». Algunas personas pueden preferir que otros se refieran a ellos en un lenguaje neutral respecto al género y que utilicen pronombres como les y lo.

Sexo: Asignado a una persona sobre la base de las características sexuales primarias (genitales) y las funciones reproductivas. A veces, los términos «sexo» y «género» se intercambian para que signifiquen «hombre» o «mujer».

Trans, Transexual: Un término general para describir a las personas cuyo sexo no es el mismo que se les asignó al nacer o que no se sienten cómodas con él. Las personas transgénero pueden describirse a sí mismas con uno o más términos de una amplia variedad de estos, que incluyen (pero no se limitan a) transgénero, travesti, no binario, intergénero.

Transexual: Esta palabra se usó en el pasado como un término más médico (similar a homosexual) para referirse a alguien que hizo la transición para vivir en el género «opuesto» al que le asignaron al nacer. Este término todavía es usado por algunos, aunque muchas personas prefieren el término trans o transgénero.

Transfobia: El miedo a alguien que se identifica como transgénero o aversión a esa persona.

Transición: Los posibles pasos que una persona transgénero puede seguir para vivir en el género con el que se identifica. La transición de cada persona involucrará cosas diferentes. Para algunos, esto implica intervención médica, como terapia hormonal y cirugías, pero no todas las personas transgénero desean o pueden tener esto. La transición también puede incluir cosas como informar a amigos y familiares, vestirse de manera diferente y cambiar documentos oficiales.

Fuente: www.stonewall.org.uk/help-advice/glossary-terms

OTROS RECURSOS

Para mayor información respecto a este tema, puede consultar los siguientes recursos útiles:

Dios y el debate transgénero, por Andrew T. Walker (Editorial Portavoz, 2018)

¿Está Dios en contra de los gays?, por Sam Allberry (Editorial Portavoz, 2019)

Transgender [Transgénero], por Vaughan Roberts (The Good Book Company, 2016)